Oswell Tafadzwa Muzanenhamo

Adoção de Sistemas de Informação Contabilística - Estudo de caso das PME de Bulawayo

Oswell Tafadzwa Muzanenhamo

Adoção de Sistemas de Informação Contabilística - Estudo de caso das PME de Bulawayo

ScienciaScripts

Cover image: www.ingimage.com

This book is a translation from the original published under ISBN 978-620-2-06091-2.

Publisher:
Sciencia Scripts
is a trademark of
Dodo Books Indian Ocean Ltd. and OmniScriptum S.R.L publishing group

120 High Road, East Finchley, London, N2 9ED, United Kingdom
Str. Armeneasca 28/1, office 1, Chisinau MD-2012, Republic of Moldova, Europe
Printed at: see last page
ISBN: 978-620-7-98708-5

ÍNDICE DE CONTEÚDOS

Dedicação

Este projeto de investigação é uma dedicação especial ao meu falecido pai, que foi o meu pilar de força durante as minhas lutas académicas e, acima de tudo, ao Todo-Poderoso pela orientação que me deu.

Agradecimentos:

Em primeiro lugar e acima de tudo, quero estender a minha principal obrigação ao Senhor Todo-Poderoso pela força que me deu para perseverar neste projeto, pois de facto "as coisas tornaram-se difíceis", mas com Ele nada é impossível. Gostaria também de agradecer a todos aqueles que me ajudaram a tornar este projeto um sucesso. Muito obrigado ao meu supervisor, Sr. C Ncube, muito obrigado pela sua orientação inestimável e pelo seu trabalho árduo, foi muito paciente comigo desde o início deste projeto até ao seu estado atual.!!!! Gostaria também de expressar a minha sincera gratidão à minha família, pois sem o vosso apoio financeiro e o vosso apoio encorajador não teria chegado até aqui. Uma nota especial de agradecimento vai também para as seguintes pessoas pelo seu apoio inabalável durante a preparação deste projeto:

Sr. Edward Dube

Sr. Conwell Muzanhenhamo

Craig Nyagwaya Sukoluhle Moyo

Resumo:

Este projeto de investigação tem como objetivo investigar e discutir os vários factores que influenciam a adoção de sistemas de informação contabilística informatizados por pequenas e médias empresas na cidade de Bulawayo, no Zimbabué. O método de inquérito descritivo a ser utilizado deve fornecer uma descrição exacta das variáveis do modelo do problema. Será selecionada uma amostra de pelo menos 25 PME de uma população de cerca de 400 PME, utilizando a amostragem estratificada seguida de amostragem aleatória. Serão utilizados questionários e entrevistas para a recolha de dados. Os resultados serão utilizados para determinar se os sistemas de informação contabilística estão ou não associados à dimensão da empresa. Esta investigação ajudará a descobrir as razões pelas quais algumas empresas não utilizam sistemas de informação contabilística, apesar da sua importância na gestão da empresa e na preparação de relatórios essenciais sobre a posição financeira de qualquer empresa, as alterações nos fluxos de caixa e uma melhor análise de dados, entre outros méritos. O investigador determinará então as formas como as várias partes interessadas podem recomendar ao governo do Zimbabué que intervenha quando necessário, por exemplo, disponibilizando um fundo rotativo para estas PME, bem como algumas garantias para as PME através dos ministérios responsáveis por estas pequenas empresas, bem como do Ministério das Tecnologias da Informação, para facilitar a adoção de sistemas de contabilidade, uma vez que estes desempenham um papel fundamental na recuperação da economia, fornecendo meios ligeiramente fáceis através dos quais a ZIMRA pode verificar a autenticidade dos rendimentos, entre outras coisas. Segundo **Huber (1990, p.65), "...** a utilização de TI avançadas conduz a uma informação mais disponível e mais rapidamente recuperada, incluindo informação externa, informação interna e informação previamente encontrada, conduzindo assim a uma maior acessibilidade da informação". As empresas com recursos alargados podem obter uma vantagem competitiva através da utilização das TI para apoiar ou reforçar a sua atividade (King et al. 1989). Isto é essencial porque as PME desempenham um papel fundamental no desempenho económico do país, incluindo o Zimbabué. Este documento revelou algumas das principais razões pelas quais os sistemas de informação contabilística foram adoptados pelas pequenas empresas, sendo também feitas algumas projecções futuras sobre a utilização das TI em Bulawayo.

CAPÍTULO UM

Introdução

O desenvolvimento das Pequenas e Médias Empresas (PME) nunca mereceu tanta atenção no Zimbabué. Os dirigentes e as várias partes interessadas são de opinião que a viragem económica do país pode estar firmemente dependente do desenvolvimento das PME. Atualmente, os desafios que se colocam à adoção das tecnologias da informação contabilística tornaram-se o único obstáculo ao desenvolvimento previsto destas PME no Zimbabué. A implementação de Sistemas de Informação Contabilística nas Pequenas e Médias Empresas (PMEs) no Zimbabué tem uma taxa de sucesso relativamente baixa devido a várias razões, tais como o grau relativamente baixo de desenvolvimento da mercantilização, o atraso económico que tem caracterizado a economia do Zimbabué durante anos, para além das caraterísticas das PMEs, incluindo a pequena dimensão, a má reputação de crédito e a fraca capacidade de inovação **(Wang,2004).** De acordo com a Corporação Financeira Internacional (2012), as pequenas e médias empresas (PME) representam uma percentagem substancial das empresas a nível mundial (cerca de 90%). Além disso, são diretamente responsáveis por mais de metade do emprego a nível mundial. Como tal, os governos e os economistas consideram o sector das PME como um fator-chave para o crescimento nacional **(Pollard & Hayne, 1998).** O SIA é definido como um sistema informático que processa informação financeira e apoia as tarefas de decisão no contexto da coordenação e controlo das actividades organizacionais **(Nicolaou, 2000)**. Nesta nova era de avanços tecnológicos, o papel dos sistemas informatizados de informação contabilística (SIA), como o Sage, o Tally,

QuickBooks, Pastel, SAP, Smart stream, Great planes é de extrema importância na gestão de uma organização e na implementação de sistemas de controlo interno. Os AIS permitem a uma empresa gerir a sua atividade com potenciais benefícios de melhoria do fluxo de processos, redução de inventários, melhor análise de dados, melhor serviço ao cliente e melhores margens de lucro **(Fan e Fang, 2006).** Tendo em conta os benefícios mencionados acima, é fácil ver porque é que os AIS são aceites como um dos desenvolvimentos mais significativos no mundo e também como o software comercial padrão mais aceite. No entanto, apesar de todos os benefícios associados à utilização do AIS, as PME em Bulawayo ainda não estão inclinadas a adotar esta tecnologia por uma razão ou outra. As micro, pequenas e médias empresas são definidas como entidades que empregam até 75 pessoas, sujeitas ao volume de negócios anual total máximo e ao valor bruto máximo dos activos, excluindo os bens imóveis **(Small Enterprise Development Corporation Act Chapter 24:12).**

Palavras-chave: Sistema de informação contabilística; Pequenas e médias empresas; Adoção; Análise custo-benefício

Abreviaturas

S.M.Es Pequenas e médias empresas
A.I.S Sistemas de Informação Contabilística
M.I.S Sistemas de Informação Gerencial **P.O.S** Sistema de Ponto de Venda

Antecedentes do estudo

O desenvolvimento das Pequenas e Médias Empresas (PME) nunca mereceu tanta atenção no Zimbabué. Os líderes e as várias partes interessadas são da opinião de que a viragem económica do país pode estar firmemente dependente do desenvolvimento das PME. No entanto, os estudos mostram que a taxa de adoção dos AIS é lenta, na melhor das hipóteses, e nula, na pior, o que se deve ao facto de a maioria dos AIS disponíveis no mercado estar fora do alcance de muitas PME no Zimbabué. **Wang (2004)** afirma ainda que muitas PME não dispõem de recursos suficientes ou não estão dispostas a afetar uma grande fração dos seus recursos devido aos longos períodos de implementação e às elevadas taxas associadas aos AIS. Mais ainda, a falta de preparação organizacional das PME, causada pelo baixo grau de formalização das funções e responsabilidades das pessoas, que é expresso pela sua contínua remodelação e, consequentemente, torna-se difícil adotar os AIS **(Motswana et al., 2002**). Além disso, a maior parte dos vendedores de SIA fornecem sistemas de informação complexos que estão para além das necessidades das PME, juntamente com os conhecimentos limitados em matéria de tecnologias da informação e a oportunidade de adotar uma visão do negócio orientada para os processos, o que tende a influenciar a adoção dos SIA pelas PME **(Levy e Powell, 2000).**

1.2 Objectivos da investigação

Ao levar a cabo a investigação, o investigador procurará satisfazer os seguintes objectivos

- Analisar a adaptação e a implementação de sistemas de informação contabilística pelas PME sem responsabilização pública.

-Investigar os tipos de sistemas de informação utilizados pelas PME em Bulawayo

- Analisar a eficácia dos sistemas de informação contabilística utilizados nas PME no apoio à tomada de decisões
- Identificar os prós e os contras associados à utilização de sistemas de informação contabilística informatizados no sector das PME
- Determinar se existe uma relação entre a adoção dos sistemas de informação contabilística e os níveis de lucro de uma unidade empresarial de uma PME. A não adoção afecta o lucro da entidade?

1.3 O problema de investigação

A situação atual da economia do Zimbabué tem implicações profundas em praticamente todos os sectores da economia. Na situação atual, há as grandes empresas que se debatem sozinhas com dificuldades e, por outro lado, temos as pequenas e médias empresas, que são a razão deste estudo, que não são poupadas ao problema persistente que devasta a economia e que, em última análise, afecta o aspeto tecnológico tanto das PME como das grandes empresas.

O avanço tecnológico resultou numa mudança na forma como as empresas conduzem os negócios e, como tal, o efeito dos sistemas de informação contabilística informatizados não pode ser ignorado **(Mitchell et al. (2000).** Nesta investigação, o autor investiga as razões para a adoção e a não adoção dos sistemas de informação contabilística e tenta identificar as vantagens e desvantagens da adoção dos sistemas de informação contabilística no sector das PME nas PME de Bulawayo.

1.4 As questões de investigação

Se a adoção de sistemas de informação contabilística pelas PME de Bulawayo é motivada pela necessidade de melhorar os níveis de rentabilidade e se esta adoção influencia a forma como a atividade é desenvolvida na perspetiva da contabilidade e da gestão.

1.5 Sub-perguntas

- Os empresários do sector das PME sabem o que é o AIS?
- As PME têm capacidade técnica para utilizar plenamente o AIS?
- Estes SIE para as PME contribuem para a fiabilidade das demonstrações

financeiras em nome da gestão e dos proprietários?

- Porque é que alguns utilizadores da informação ainda estão cépticos em relação aos sistemas de contabilidade utilizados nas PME, especialmente no Zimbabué?
- Os AIS são necessários para as PME numa economia que está a lutar para arrancar?

1.6 Declaração de Hipótese

Hipótese nula

A adoção de sistemas de informação contabilística em Bulawayo está generalizada, mas foram realizados poucos estudos sobre a adoção de SIA pelas PME de Bulawayo.

Hipótese alternativa

A adoção do AIS tem pouca literatura, pelo que não são formuladas hipóteses nesta investigação.

1.7 Importância do estudo

À profissão de contabilista

Este estudo permitirá ao pessoal da contabilidade em Bulawayo obter esclarecimentos sobre esta questão pertinente. Ajudará os profissionais a perceberem como os sistemas de contabilidade são vitais para uma organização em termos dos seus vários benefícios para assegurar a continuidade de qualquer PME

Para o mundo empresarial

A investigação irá revelar os problemas que afectam as PME em Bulawayo na adoção do SIA. Obterão informações valiosas sobre as razões para a adoção do AIS e também, em alguns casos, as razões para a não adoção, o que permitirá ao mundo empresarial ponderar as suas opções sobre a adoção ou não do AIS.

Aos actuais e futuros estudantes

Esta investigação ajudá-los-á a conhecer os sistemas essenciais que devem utilizar para serem bem sucedidos nos seus futuros empreendimentos, quer como contabilistas, quer como proprietários de empresas. Ajudá-los-á na sua busca pela criação de riqueza. Aqueles que possuem a inteligência também serão capazes de encontrar uma janela para o desenvolvimento de melhores sistemas e aqueles que se tornarão futuros líderes ou políticos saberão que políticas implementar para garantir que as PMEs utilizam os sistemas corretos que estimularão o crescimento e a transparência

Para o investigador

A investigação ajudar-me-á a compreender os problemas contabilísticos enfrentados no sector das PME de Bulawayo no que diz respeito aos sistemas de informação e também a melhorar as minhas competências de investigação, uma vez que tenciono realizar ainda mais investigações no domínio empresarial.

1.8 Revisão da literatura

Teoricamente, sabe-se que os SIA melhoram a eficácia e a eficiência de uma empresa. A literatura disponível revela poucos dados de investigação sobre sistemas de informação contabilística em microempresas de países em desenvolvimento como o Zimbabué. Para corroborar este facto, **Mitchell e Reid (2000)** sugeriram que a investigação dos SIA nas microempresas tem sido quase inexistente, com apenas alguns estudos de investigação. Além disso, **Randall e Horsman (2001)** indicaram que o SIA tem sido negligenciado na literatura sobre as pequenas empresas, apesar da sua importância para o sucesso empresarial. No entanto, embora as grandes empresas já utilizem computadores há algum tempo, as PME têm sido lentas na adoção desta inovação tecnológica. Esta lenta adoção é uma questão crítica porque as PME desempenham um papel primordial no desenvolvimento da economia do Zimbabué. **Mitchell et al. (2000)** argumentaram que a informação contabilística pode ajudar as PME a gerir os seus negócios a curto prazo

problemas em áreas como os custos, as despesas e o fluxo de caixa, fornecendo informações para apoiar o acompanhamento e o controlo. No entanto, a literatura existente fornece poucas provas do desenvolvimento do SIA nas PME. Muitos estudos sugerem que as PME dispõem de pouca informação de gestão e de um controlo deficiente, e que a tomada de decisões é sobretudo ad hoc **(Marriot & Marriot 2000).** McMahon (2001), por exemplo, sugeriu que a contabilidade financeira continua a ser a principal fonte de informação para a gestão interna das PME. Marriot & Marriot (2000) também sugeriram que a consciência financeira dos gestores das PME varia consideravelmente e que a utilização de computadores para a preparação de informações de contabilidade de gestão não está no seu pleno potencial. Muitos estudos também foram realizados para compreender como as TI têm sido utilizadas para apoiar os requisitos de informação nas PME (ver, por exemplo, **El Loudi 1998; Temtime et al. 2003; Ismail & King 2005**). Em geral, os resultados de estudos anteriores indicam que a adoção das TI tem crescido enormemente nas PME. No entanto, existem provas consideráveis que sugerem que muito poucos dos sistemas resultantes tiveram qualquer impacto significativo na forma como a gestão toma decisões (Temtime et al. 2003). Fuller (1996) argumentou que o principal problema da falta de utilização estratégica das TI nas PME está relacionado com a relativamente fraca adequação entre o que as ferramentas de software oferecem e o que é necessário, sendo que nem os utilizadores nem os fornecedores estão numa posição forte para comunicar uns com os outros. A situação é ainda mais crucial nas PME porque estas não dispõem de contabilidade interna experiente e de conhecimentos e apoio informáticos (Mitchell et al. 2000). A consequente falta de conhecimentos especializados limita a compreensão da informação, as especificações das TI e as políticas de seleção, levando inevitavelmente as PME a implementar ou a adquirir um sistema de informação inadequado às necessidades das empresas **(Ravarini et al. 2002).**

Muitos estudos sugerem que as PME dispõem de pouca informação de gestão e de um controlo deficiente, e que a tomada de decisões é sobretudo ad hoc **(Marriot & Marriot 2000).** McMahon (2001), por exemplo, sugeriu que a contabilidade financeira continua a ser a principal fonte de informação para a gestão interna das PME. Marriot & Marriot (2000) também sugeriram que a consciência financeira dos gestores das PME varia consideravelmente e que a utilização de computadores para a preparação de informações de contabilidade de gestão não está no seu pleno potencial. *Journal of Information Systems and Small Business* Ismail & King 2007, vol. 1, n.º 1-2, pp. 1-20 *Alinhamento do SIA nas PME da Malásia* Copyright © 2007 Deakin University 3. Perren & Grant (2000), pelo contrário, argumentaram que os processos de tomada de decisão nas PME são mais sofisticados do que o previsto. Eles propuseram que os estudos centrados nas técnicas contabilísticas formais sugerem frequentemente que as PME não dispõem de informações contabilísticas eficazes e de sistemas de controlo para apoiar as suas decisões, afectando assim a adoção do SIA. No entanto, afirmam que os estudos que adoptam uma abordagem mais subjectiva sugerem que as PME confiam de facto em informações contabilísticas suficientes, incluindo a contabilidade de gestão, que foi frequentemente adquirida por meios informais, para tomar as suas decisões empresariais.

Por conseguinte, Perren & Grant (2000) concluíram que os resultados contraditórios resultavam, em grande medida, do paradigma dos investigadores e não de uma contradição real. O seu argumento é apoiado pela Federação Internacional de

Contabilistas (2006), que referiu que, apesar das variações na utilização da informação contabilística entre as pequenas empresas, existem provas que sugerem que as pequenas empresas estão conscientes da importância da informação contabilística e que a utilizam para uma variedade de fins. Assim, é necessário investigar mais aprofundadamente os níveis de requisitos de informação contabilística nas PME. Também foram efectuados muitos estudos para compreender como as TI têm sido utilizadas para apoiar as necessidades de informação nas PME (ver, por exemplo, El Loudi 1998; Temtime et al. 2003; Ismail & King 2005). Em geral, os resultados de estudos anteriores indicam que a adoção das TI tem crescido enormemente nas PME. No entanto, existem provas consideráveis que sugerem que muito poucos dos sistemas resultantes tiveram qualquer impacto significativo na forma como a gestão toma decisões (Temtime et al. 2003). Fuller (1996) argumentou que o principal problema da falta de utilização estratégica das TI nas PME está relacionado com a relativamente fraca adequação entre o que as ferramentas de software oferecem e o que é necessário, sendo que nem os utilizadores nem os fornecedores estão numa posição forte para comunicar uns com os outros. A situação é ainda mais crucial nas PME porque estas não dispõem de contabilidade interna experiente e de conhecimentos e apoio informáticos (Mitchell et al. 2000). A consequente falta de conhecimentos especializados limita a compreensão da informação, as especificações das TI e as políticas de seleção, e leva inevitavelmente as PME a implementar ou a adquirir um sistema de informação inadequado às necessidades das empresas (Ravarini et al. 2002). Apesar de muitas limitações, a utilização das TI nas PME tornou-se mais sofisticada.

Há provas de que as TI ajudaram as PME a desenvolver e a aplicar a estratégia empresarial. Por exemplo, Lesjak (2001) e Levy et al. (2001) concluíram que as PME utilizam as TI de forma estratégica quando estas são consideradas parte integrante da estratégia das empresas. Cragg et al. (2002) e Ismail & King (2005) revelaram que uma proporção significativa de PME tinha atingido níveis elevados de alinhamento estratégico

1.9 Pressupostos

O investigador partirá dos seguintes pressupostos:

- As respostas aos questionários são exactas.
- Os inquiridos devem representar de forma equitativa todos os utilizadores e preparadores de informação

1.10 Metodologia de investigação.

Conceção da investigação descritiva

O investigador utilizará inquéritos descritivos, tal como foram utilizados por Buonanno et al (2005) no seu estudo "Factores que afectam a adoção de sistemas ERP: "Uma análise comparativa entre PME e grandes empresas". Isto deve-se ao facto de a investigação ser de natureza descritiva, uma vez que procura explorar os factores que contribuem para a não adoção do AIS pelas PME. A conceção da investigação descritiva deve ser utilizada, uma vez que fornece uma descrição exacta das variáveis no modelo do problema. Ghauri (2005) concorda que a investigação descritiva é útil para estudos exploratórios e é adequada para produzir informações sobre caraterísticas específicas numa população finita. Além disso, os inquéritos descritivos têm por objetivo identificar os factores em estudo que influenciam a não adoção do SIA pelas PME.

População

Serão utilizadas 30 PME de Bulawayo, tanto formais como informais, independentemente da linha de produção. A população deve ser selecionada com base no número de trabalhadores, sendo o mínimo de 6 trabalhadores, pelo que qualquer PME que empregue menos de 6 trabalhadores não será considerada.

Amostragem

Tendo em conta a dimensão da população, não é possível estudar todas as PME em Bulawayo e, por conseguinte, deve ser utilizada uma amostragem estratificada para agrupar as PME em micro, pequenas e médias. Os nomes de todas as PME em Bulawayo devem ser colocados num balde e, em seguida, 15 nomes devem ser retirados aleatoriamente por uma pessoa independente. A amostragem aleatória simples é escolhida porque cada membro da população tem a mesma probabilidade de ser selecionado com a probabilidade de cada PME ser selecionada. A amostragem aleatória simples é escolhida porque todos os membros da população têm a mesma hipótese de serem selecionados, com a probabilidade de cada PME ser selecionada.

1.11 Instrumentos de investigação

Para efeitos do presente estudo, o investigador utilizará questionários e entrevistas pessoais, tal como foram utilizados por Buonanno et al (2005), no seu estudo "Factores que afectam a adoção de sistemas ERP: uma análise comparativa entre PME e grandes empresas"

CAPÍTULO 2

Revisão da literatura

2.0 Introdução

Este capítulo aborda a literatura teórica e empírica sobre sistemas de informação contabilística, os factores que afectam a adoção de SIA e a sua eficácia nas organizações de PME. O objetivo deste capítulo é, portanto, familiarizar-se com a informação escrita por fontes autorizadas através da revisão de revistas relevantes, estudos de investigação anteriores, jornais e manuais escolares.
De acordo com a Sociedade Financeira Internacional (2012), as pequenas e médias empresas (PME) representam uma percentagem substancial das empresas a nível mundial (cerca de 90%). Além disso, são diretamente responsáveis por mais de metade do emprego a nível mundial. Como tal, os governos e os economistas consideram o sector das PME como um fator-chave no crescimento nacional (Pollard & Hayne, 1998). Zindiye etal. (2008) estimaram que existem 40 000 empresas transformadoras no Zimbabué, a maioria das quais são PME, e postularam ainda que as PME são responsáveis pelo emprego de pelo menos 57% da população do Zimbabué. Ncube e Greenan (2004) estimaram que existem cerca de 609 PME no sector transformador de Harare. As PME dominam todos os sectores de serviços da economia, excluindo o sector bancário, como o testemunha o crescimento contínuo das instituições de empréstimo de dinheiro no Zimbabué, algumas mesmo ilegais.

2.1 Definições de pequenas e médias entidades

A evidência de várias literaturas mundiais mostra que não existe uma definição universalmente aceite de PME. Isto deve-se, provavelmente, ao facto de os países em todo o mundo se encontrarem em vários níveis de desenvolvimento, pelo que é difícil articular o que é exatamente uma pequena entidade. Uma pequena entidade na Grã-Bretanha pode ser uma grande entidade no Zimbabué, o que complica a definição. No entanto, a maioria das definições baseia-se na dimensão e utiliza bases fundamentais como o número de empregados, a situação financeira ou o volume de negócios anual (Beck et al., 2005; Ghafoor e Iqbal, 2007; Zindiye et al., 2008). No Zimbabué, o Ministério das PME (2000) define uma pequena empresa como uma empresa que emprega não mais de 50 pessoas enquanto funciona como uma entidade registada, enquanto uma média empresa é aquela que emprega 75 a 100 pessoas. A Small Enterprises Development Corporation (SEDCO) (2010) não faz distinção entre pequenas e médias entidades, mas define uma pequena e média empresa como uma firma que não tem mais de 100 empregados com vendas anuais máximas de até US$830000. De acordo com o Hong Kong Institute of Certified Public Accountants (2005), uma entidade é considerada uma PME em Hong Kong se não exceder dois dos três critérios seguintes: receitas anuais totais de 50 milhões de HK$, activos totais de 50 milhões de HK$, à data do relatório, e 50 empregados. A International Accounting Standards Committee Foundation (IASCF) (2007) define uma PME como uma entidade que não tem responsabilidade pública e, por conseguinte, publica demonstrações financeiras de carácter geral para utilizadores externos.

Por conseguinte, é evidente que não existe uma definição universalmente aceite de PME. No entanto, para efeitos desta investigação, o autor considerará uma PME como uma entidade que emprega menos de 100 pessoas e com um volume de negócios anual inferior a 830 000 dólares americanos e que detém activos para o gestor, que é normalmente o proprietário da entidade.

2.2 O que é um sistema de informação contabilística?

O sistema de informação contabilística (SIA) é a série de processos e acções envolvidos na captação de dados contabilísticos brutos, na sua transformação em informação utilizável e na sua divulgação aos utilizadores da informação contabilística na forma necessária (McCubbrey, 2002). Por outro lado, Calderon, Cheh e Chatham (2002) argumentam que os SCA não são simplesmente um programa de computador, mas que há mais coisas envolvidas do que o mero cálculo de números. De acordo com Chan (1997), a adoção das TI nas organizações tem crescido a um ritmo acelerado e a sua utilização evoluiu da automatização de processos estruturados para sistemas. As tecnologias da informação estão a crescer, pelo que os contabilistas das PME têm de estar a par da tecnologia em vez de manterem volumes de transacções manuais que podem perder-se. Com os sistemas de informação contabilística, a informação é mais fácil de consultar em qualquer altura. De acordo com Allan Taylorl (2000,58), a tecnologia da informação é a aquisição, o processamento, o armazenamento e a divulgação de informação vocal, pictórica, textual e numérica através de uma combinação de computação e telecomunicações baseada em microeletrónica. "O planeamento das necessidades de TI permitirá que as organizações atinjam melhor as suas metas e objectivos organizacionais. Na última década, a maioria das organizações adaptou-se à utilização das tecnologias da informação nas suas operações. Barba (2007) salientou nas suas investigações que a tecnologia da informação está a definir os modos de vida e a forma de pensar. Está a abrir oportunidades infinitas para expandir as visões intelectuais, académicas e profissionais. Não é de admirar que, atualmente, os estudos sobre sistemas de informação contabilística realizados por (Abernethy e Guthrie, 1994) não só realcem a mecânica e as funções da contabilidade, mas também incorporem as oportunidades de aplicações inovadoras das TI. Os SIE tornaram-se verdadeiramente sistemas de informação para a tomada de decisões e o controlo devido às aplicações crescentes das tecnologias da informação.

O objetivo básico dos sistemas de informação é o fornecimento de informações para apoiar a tomada de decisões e o planeamento. Um melhor fluxo de informação permite às empresas coordenar e gerir melhor as operações (Sheu et al., 2003)

2.3 O que é um sistema?

Para muitos, o termo **sistema** gera imagens mentais de computadores e programação. De facto, o termo tem uma aplicabilidade muito mais ampla. Alguns sistemas são naturais, enquanto outros são artificiais. Os sistemas naturais vão desde o átomo - um sistema de electrões, protões e neutrões - até ao universo - um sistema de galáxias, estrelas e planetas. Todas as formas de vida, vegetal e animal, são exemplos de sistemas naturais. Os sistemas artificiais são criados pelo homem. Estes sistemas incluem tudo, desde relógios a submarinos e sistemas sociais a sistemas de informação. **(Hall 2008, 908)**

2.4 Como se alteraram os procedimentos contabilísticos devido à introdução e adoção das tecnologias da informação.

Com o advento das TI e com o aumento da quantidade de transacções que estão a ser processadas pelas organizações, estas estão agora a utilizar computadores para processar dados, especialmente sistemas de contabilidade. James O "Brien2 (2000; 58) sugere que a Tecnologia da Informação resultou na introdução de Sistemas de Informação Contabilística para o processamento de transacções e relatórios financeiros.

Os procedimentos contabilísticos foram alterados através da introdução de seis sistemas contabilísticos principais que abrangem todo o sistema contabilístico, a saber

Processamento de encomendas por computador

Trata-se de uma forma rápida e precisa de registar, captar e processar encomendas de clientes e transacções de vendas. Estes sistemas fornecem dados para o controlo das existências e das contas a receber, que são utilizados pelos auditores.

Controlo de inventário baseado em computador

Um sistema informático de controlo de inventário regista as alterações dos níveis de inventário, prepara os documentos de expedição e pode notificar os gestores sobre as encomendas e fornecer uma variedade de relatórios sobre o estado do inventário.

Sistemas informáticos de contas a receber

Este sistema de contabilidade mantém registos dos montantes a receber dos clientes, produz facturas para os clientes, extractos mensais dos clientes e relatórios de gestão de crédito.

Sistemas informáticos de contas a pagar

O sistema de contas a pagar regista os dados relativos às compras e aos pagamentos aos fornecedores. O sistema também prepara relatórios de gestão de tesouraria.

2.5 Os benefícios da adoção do SIA nas PME

Atualmente, a utilização do AIS é obrigatória em muitas empresas a nível mundial, pelo que as PME do Zimbabué não são poupadas. É difícil ganhar vantagem competitiva e sobreviver sem alguma adoção ou implementação deste avanço nos produtos tecnológicos. Os estudos demonstraram que o SIA é mais amplamente utilizado, especificamente nos aspectos de informação financeira (Marriott & Marriott, 2000; Riemenschneider & Mykytyn Jr., 2000; Ismail, 2007).
Na literatura anterior, a utilização do SIA também pode desempenhar um papel preponderante na ajuda às PME para que tenham um desempenho melhor e mais

forte. Muitos investigadores são da opinião de que o papel da utilização do SIA é importante para permitir que as PME desenvolvam o seu desempenho (Ali *et al.*, 2012; Lallo & Selamat, 2013). Para atingir este objetivo, as PME têm de ser sensíveis às mudanças no ambiente, em particular à revolução das tecnologias da informação. Atualmente, as tecnologias da informação são uma necessidade em muitas PME. É difícil ganhar vantagem competitiva e sobreviver sem alguma adoção ou implementação deste avanço nos produtos tecnológicos. Os estudos demonstraram que a utilização mais generalizada do sistema de informação é o SIA, especificamente nos aspectos de informação financeira (Amidu *et al.*, 2011; Ismail, 2007; Grande *et al.*, 2011).

desempenho (Ismail & King, 2005; Saira *et al.*, 2010). O SIA deve ser utilizado e explorado para atingir os objectivos pretendidos. Por conseguinte, antes de avançar para a adoção de um SIA mais sofisticado e avançado, é importante determinar a utilização atual do sistema de informação contabilística existente pelas PME (Lallo & Selamat, 2013, 2014; Pathak, 2004). Neste contexto, Amidu *et al.* (2011), sublinhando a importância estratégica da utilização do SIA, observaram que a utilização da informação contabilística pode estar ligada ao sucesso ou ao fracasso de uma pequena ou média empresa. Para sobreviver, os proprietários e gestores das PME necessitam de informações contabilísticas actualizadas, precisas e oportunas (Amidu, 2005).

Os sistemas de contabilidade são responsáveis pela análise e acompanhamento da situação financeira das empresas, pela preparação dos documentos necessários para efeitos fiscais, pelo fornecimento de informações de apoio a muitas outras funções organizacionais, como a produção, o marketing, a gestão de recursos humanos e o planeamento estratégico. O SIA fornece à gestão informações financeiras para examinar, planear, avaliar e diagnosticar o impacto das actividades operacionais e identificar a posição financeira da organização. A informação contabilística pode ajudar as empresas, em especial as PME, a gerir problemas a curto prazo em áreas como os custos, as despesas e o fluxo de caixa, fornecendo informações para apoiar o acompanhamento e o controlo. Sem esse sistema, será muito difícil para as PME determinar o desempenho, identificar os saldos das contas de clientes e fornecedores e prever o desempenho futuro da organização (Amidu, 2005; Amidu *et al.*, 2011; Ismail & King, 2005; Saira *et al.*, 2010). Utilizando diretrizes normalizadas, as transacções são registadas, resumidas e apresentadas num relatório financeiro ou numa demonstração financeira, como uma demonstração de resultados ou um balanço. Neste caso, a utilização dos SGA é vista como um sistema que ajuda a gestão nos processos de planeamento e controlo, fornecendo informações relevantes e fiáveis para a tomada de decisões (Gordon & Miller, 1976). Isto sugere que as funções do SIA não têm como único objetivo a produção de relatórios financeiros. O seu papel vai para além desta perspetiva tradicional.

De um modo geral, a literatura sobre a contabilidade no SGA mostra que vários estudiosos investigaram a adoção do sistema apenas entre as grandes empresas. Muito pouco se sabe sobre a evolução da informática nas PMEs (Grande *et al.*, 2011) Muitas empresas investem em tecnologias da informação avançadas com o objetivo de recolher mais informações para apoiar o desempenho da tomada de decisões, o que acabará por conduzir a uma melhoria da eficiência e da rentabilidade das empresas. O estudo mostrou que as empresas que adquirem recursos alargados de TI são capazes de criar vantagens competitivas (King, 1989). No entanto, investigações anteriores têm dificuldade em fornecer provas de uma relação positiva entre os investimentos em TI e o desempenho das empresas (Mahmood & Mann, 1993; Ismail, 2007).

Resultados mistos e inconclusivos que sugerem a necessidade de uma análise mais aprofundada

CAPÍTULO 3

3.0 METODOLOGIA DE INVESTIGAÇÃO

A metodologia de investigação define os métodos que o investigador utilizará ou utilizou para recolher dados. O capítulo descreve a conceção da investigação, define a população e descreve os instrumentos de investigação utilizados no estudo. Também indica as limitações do processo de inquérito encontradas durante a recolha de dados.

3.1 Conceção da investigação descritiva

O investigador utilizou exaustivamente e de forma generalizada os inquéritos descritivos, uma vez que estes eram utilizados por
Buonanno et al (2005) no seu estudo "Factors affecting ERP system adoption: Uma análise comparativa entre PME e grandes empresas". Isto deve-se ao facto de a investigação ser de natureza descritiva e procurar explorar os factores que contribuem para a adoção de AISs pelas PMEs. Foi utilizada uma conceção de investigação descritiva, uma vez que fornece uma descrição exacta das variáveis no modelo do problema. Além disso, o objetivo dos inquéritos descritivos é identificar os factores em estudo que influenciam a adoção dos SIE pelas PME. Ghauri (2005) concorda que a investigação descritiva é útil para estudos exploratórios e é adequada para produzir informações sobre caraterísticas específicas numa população finita

3.2 População

A investigação foi efectuada em 15 pequenas e médias empresas em Bulawayo, escolhidas aleatoriamente. As PMEs utilizadas para efeitos desta investigação vão desde PMEs retalhistas a farmacêuticas espalhadas pela cidade de Bulawayo, ou seja, desde PMEs produtoras a não produtoras, e as que estão localizadas em zonas residenciais de alta densidade também foram entrevistadas de modo a obter uma representação justa e uma vasta gama de informações. Os instrumentos de inquérito incluíam questionários abertos e fechados. Também foram realizadas entrevistas pessoais ou telefónicas com os gestores das empresas.

3.3 RECOLHA DE DADOS PRIMÁRIOS

Os instrumentos de recolha de dados primários que o investigador utilizará são questionários, entrevistas e observação, sempre que necessário.

3.4 JUSTIFICAÇÃO DOS QUESTIONÁRIOS

Os questionários são a melhor ferramenta de recolha de dados a utilizar nestas circunstâncias, pois permitem que o inquirido tenha tempo para refletir adequadamente sobre a sua resposta. Além disso, fornecem informações objectivas, que são irrefutáveis.

Entrevistas

As entrevistas foram realizadas com contabilistas ou com os gestores proprietários das várias PME espalhadas por toda a cidade. As entrevistas dão ao entrevistador a oportunidade de fazer algumas perguntas de sondagem quando é necessário um esclarecimento ou quando o entrevistado dá respostas vagas. As perguntas da entrevista foram enviadas aos inquiridos progressivos pelo menos 3 dias antes da entrevista, de modo a dar-lhes tempo para compreenderem as perguntas.

3.6 CONCEPÇÃO DE AMOSTRAS

O primeiro passo foi identificar uma cidade do Zimbabué com um grande número de

PMEs, mas também perto da NUST para facilitar a recolha de dados. A população devia ser estratificada em várias subpopulações sobrepostas (estrato), e as unidades de amostra foram selecionadas de cada estrato utilizando uma seleção aleatória simples. A amostragem aleatória simples foi escolhida porque cada membro da população tem a mesma probabilidade de ser selecionado com a probabilidade de cada PME ser selecionada. Além disso, melhora a qualidade da informação, é eficiente e dá uma apresentação correta da população.

DADOS SECUNDÁRIOS

Os dados secundários foram recolhidos na Internet, em livros didácticos e em revistas. Estas fontes forneceram ao investigador outras provas relativas aos factores que afectam a adoção do SIA nas PME. Forneceram informações adicionais que seriam utilizadas para apoiar as conclusões da recolha de dados primários.

3.7 INSTRUMENTOS DE INVESTIGAÇÃO

Para efeitos desta investigação, o investigador recorreu, sempre que possível, a questionários e entrevistas pessoais, tal como utilizado por Buonanno et al (2005), no seu estudo "Factors affecting ERP system adoption: A dimensão da amostra para os questionários enviados foi de 15 empresas PME dos sectores da construção, financeiro, retalhista, etc. Tal deve-se a restrições orçamentais de tempo e custo. Alguns dos questionários foram enviados por correio eletrónico para eliminar os limites da distância. O investigador tentou, tanto quanto possível, assegurar que a seleção da amostra para cada sector e instituição fosse representativa de toda a população no estrato, ou seja, quando o estrato tem uma grande população, o número da dimensão da amostra foi ajustado em conformidade. Além disso, a população foi selecionada em função do número de trabalhadores e, nesse sentido, o número mínimo foi de 6, pelo que todas as empresas com menos de 5 trabalhadores não foram entrevistadas nesta investigação.

3.8 LIMITAÇÕES DO PROCESSO DE INQUÉRITO

- A principal limitação do processo de inquérito é a falta de fundos adequados para a sua realização.

A universidade não tem capacidade para prestar assistência financeira aos estudantes, já de si pobres, para que possam realizar a investigação atempadamente, pelo que o investigador teve de recorrer e confiar nos seus bolsos pouco fundos para realizar uma investigação satisfatória sobre o assunto.

- A isto acresce a utilização da amostragem, uma vez que as caraterísticas da amostra podem não ser representativas das caraterísticas da população.
- As PME incluídas na amostra eram constituídas por uma grande população que, devido à sua natureza, não tinha liberdade para divulgar certas i informações.
- A utilização de questionários apresenta igualmente um risco de não resposta, que pode ter afetado negativamente os resultados do inquérito

3.9 CONCLUSÃO

Os métodos de investigação escolhidos pelo investigador são considerados capazes de fornecer informações suficientes sobre o problema de investigação. O capítulo definiu as várias componentes do processo de investigação e explicou também a lógica subjacente aos instrumentos de investigação que o investigador utilizou. O capítulo também discutiu as limitações inerentes ao processo de inquérito. O próximo capítulo debruçar-se-á sobre a análise e a interpretação dos resultados da investigação.

CAPÍTULO QUATRO

APRESENTAÇÃO E ANÁLISE DE DADOS

4.0 INTRODUÇÃO

O presente capítulo apresentará e analisará os resultados da investigação. Isto será feito em termos de respostas às perguntas da entrevista, respostas aos questionários e resultados da observação.
O capítulo apresentará os resultados sob a forma de tabelas, gráficos e percentagens, agrupando respostas semelhantes. O investigador relacionará igualmente os resultados da investigação com os problemas da investigação para mostrar como estes resultados afectam o objeto da investigação. O capítulo estabelecerá a ligação entre a teoria da investigação e o que está a acontecer no terreno.

4.1 Discussão dos resultados e conclusões.

Caraterísticas das empresas da amostra

A Tabela 2 apresenta as caraterísticas das empresas com base nas classificações de dimensão, forma, propriedade, género e indústria. Relativamente às classificações de dimensão, as empresas foram agrupadas em: micro, representando 6,67% dos inquiridos válidos, pequena (33,3%) e média (60%). A forma de organização da empresa também foi identificada: As empresas em nome individual representavam 20% do total de empresas inquiridas, 6,7% das empresas inquiridas válidas estavam organizadas como sociedades de pessoas e as restantes 73,3% estavam organizadas como sociedades de responsabilidade limitada. Em termos de propriedade, a maioria (86,67%) das empresas eram de propriedade zimbabweana. As empresas estrangeiras eram constituídas por 6,67% dos inquiridos e 6,67% do total das empresas válidas

inquiridas eram propriedade tanto de zimbabueanos como de estrangeiros.
A maioria (80%) das empresas era detida por homens. Foram identificadas seis indústrias, nomeadamente a agricultura, que representa 20% dos inquiridos válidos, a indústria transformadora (13,33%), a indústria extractiva e a construção (6,67%), o comércio por grosso e a retalho (40%), as tecnologias da informação (6,67%) e os serviços médicos (13,33%)

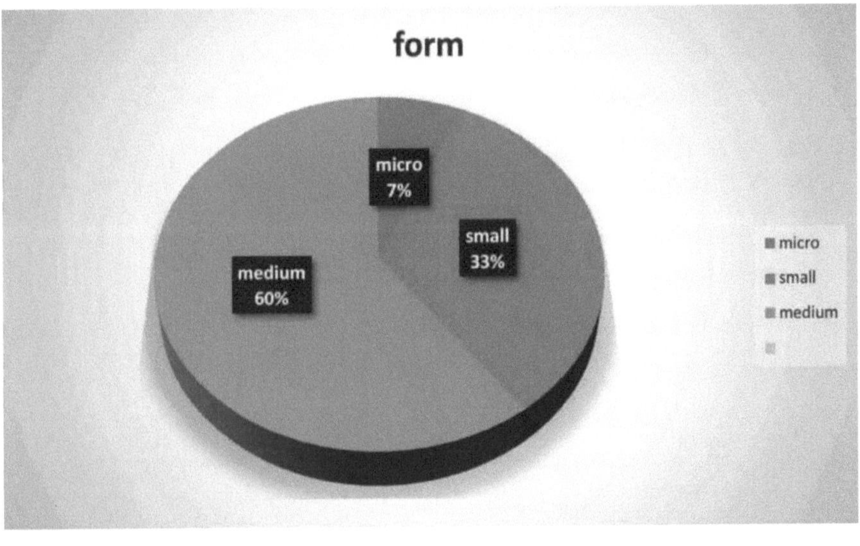

FORMAS DE PROPRIEDADE DE EMPRESAS

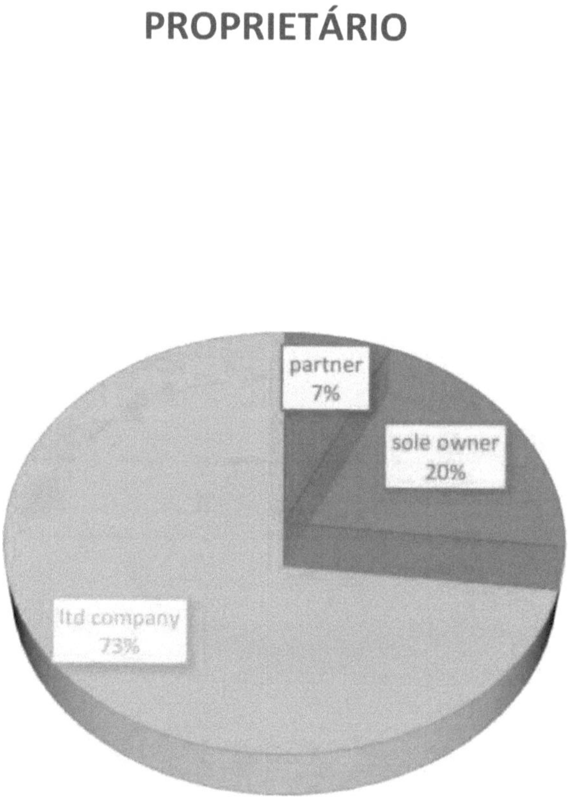
PROPRIETÁRIO
partner 7%
sole owner 20%
ltd company 73%

Seguem-se os dados recolhidos sobre a utilização e a não utilização de software de contabilidade.

Element of Information system	Users in numbers
Excel	1
Manual/paper/Books	1
Access	1
Ledger books	11
PASTEL	3
SAGE	1
QUICKBOOKS	7
Microsoft word	6
P.O.S	14
Other	0
Total	**45**

AISs usage	**Micro**	**Small**	**Medium**	**Total**	**%Total**
Users	**0**	**1**	**4**	**5**	**33,33%**
Non users	**1**	**4**	**5**	**10**	**66,67%**

Avaliação dos factores que influenciam a adoção de sistemas de informação contabilística pelas PME em Bulawayo

O quadro acima indica que as PME utilizam pouco o SIA, o que é demonstrado por uma percentagem de 33,33% de utilização

Quadro seguinte que indica os benefícios dos SIE para as PME

Benefits	Disagree	Agree	Strongly Agree	Total SMEs
Improved accounting quality	✓	✓	✓	
Improved quality of reports		✓		
Flexibility in information generation		✓	✓	
Reduced costs		✓		
Eliminates duplication of efforts		✓	✓	
Effectiveness & efficiency in decision making	✓	✓		
% of total	26,67%	53,3%	20%	15

1 / *Oswll T Muzanenhamo B.Com (Hons) Accounting N0126555E*

A utilização do SIA pelas PME é benéfica. De acordo com os resultados da amostra, 54% dos participantes concordam que a adoção do SIA é benéfica para as PME, sendo que 20% concordam plenamente que o SIA é benéfico para elas. Isto está de acordo com Poston e Grab ski, (2001) que salientaram que se espera que a adoção de sistemas ERP reduza os custos, melhorando a eficiência através da informatização, e melhore a tomada de decisões, fornecendo informações precisas e actualizadas que conduzam a um melhor desempenho da empresa.

No entanto, 26,67% dos participantes discordaram, argumentando que a adoção do SIA não é benéfica para as PME

Tendo em mente os benefícios da informação contabilística informatizada, foi concebida uma pergunta para explorar o significado, a prevalência e os potenciais problemas e desafios inerentes à maioria das PME do Zimbabué e, em particular, de Bulawayo. Os resultados do inquérito mostram que a maioria dos inquiridos se depara com problemas no fornecimento de eletricidade, uma vez que 38% dos inquiridos afirmam ter problemas no acesso ao fornecimento ininterrupto de energia. O resultado mostra que 25% das PME contactadas indicaram que a avaria frequente do seu sistema de contabilidade é o seu segundo maior problema.

No entanto, apenas 5 empresas, representando 8%, indicaram que enfrentam todos os problemas enumerados. Estes incluem: relatórios inexactos gerados pelos sistemas de contabilidade, avarias frequentes do sistema, incapacidade do sistema para suportar grandes volumes de dados, falta de fornecimento constante de energia, incapacidade de importar e/ou exportar dados e incapacidade de compreender e interpretar plenamente os resultados do sistema

4.2 Factores que influenciam a não adoção de AISs pelas PME em Bulawayo

Formação - A falta de formação e de competências. A maioria das PME de Bulawayo não está familiarizada com software de contabilidade e contabilidade atualizado e sofisticado. A maioria dos indivíduos ou das PME utiliza o Excel para as necessidades contabilísticas básicas. Isto implica que são necessárias competências para a utilização de sistemas de informação contabilística especializados para utilizar o software. Os resultados das entrevistas mostram que a formação custa muito dinheiro e tempo, mas como a empresa é pequena, pode não ser viável devido à falta de pessoal e de tempo

Infraestrutura - A falta de infraestrutura de recursos de TI, tais como hardware e software necessários para a implementação do sistema de contabilidade. Isto mostra que as despesas de investimento são demasiado elevadas para uma empresa em fase de arranque.

Dinheiro - O custo da implementação e da formação pode ser um grande obstáculo para as PME. Para as PME que estão a iniciar a atividade, o dinheiro para despesas pode ser bastante limitado. O dinheiro pode ser gasto na compra de matérias-primas, aluguer de espaço e equipamento para o fabrico de produtos, uma vez que este é o principal objetivo das PME para ganhar dinheiro. O dinheiro para as despesas de TI pode não ser tido em conta ou pode ser adiado para uma data posterior, uma vez que os proprietários podem considerar que as despesas são demasiado elevadas agora ou que as TI não são necessárias neste momento específico.

Funcionários - Falta de funcionários com conhecimentos e competências para apoiar plenamente o sistema. Quando as PME implementam o equipamento relacionado com as TI, continua a depender dos recursos humanos disponíveis para o utilizar. Isto pode depender da disponibilidade de trabalhadores qualificados. A questão da rotatividade ou da retenção de funcionários nas PMEs deve ser abordada pela empresa sobre a melhor forma de resolver este problema, de modo a não perder funcionários com competências para o trabalho.

A partir destes factores, pode ver-se que estão inter-relacionados. O dinheiro afecta a utilização das TI. Isto deve-se ao custo da aquisição do sistema, da formação do pessoal e da sua utilização. A aquisição ou a disponibilidade de infra-estruturas dependerá do dinheiro disponível para o efeito. A formação dependerá do dinheiro disponível para comprar o sistema, dos empregados disponíveis para utilizar o sistema e da formação dos empregados. Os empregados estão relacionados com o pagamento que recebem e isso pode ser afetado pela mudança para outra empresa devido a um pagamento mais elevado.

Como se pode constatar durante a entrevista, as empresas que utilizam determinados sistemas informáticos parecem estar mais estabelecidas e funcionar num ambiente melhor do que as que não utilizam as TI na sua atividade

4.3 Conclusão

As PME são um segmento importante em qualquer país. No Zimbabué, este sector constitui a maioria das empresas, tanto no sector retalhista como no sector transformador. Com a concorrência feroz na economia mundial, as PMEs devem procurar continuamente formas de melhorar. A partir do estudo realizado, espera-se que este possa lançar alguma luz sobre a adoção do Sistema de Informação Contabilística ou sistemas/software de contabilidade e como as PME podem desenvolver a sua adoção de TI. Como se pode ver no estudo realizado, ele mostra que as PME de Bulawayo ainda precisam de muito apoio em termos de adoção de TI adequadas para a empresa, embora haja uma elevada percentagem que utiliza algum tipo de TI básica, isso não implica que lhes seja prestado um apoio adequado, uma vez que algumas delas são muito básicas e, em termos disso, pode ser comparado com alguns dos estudos realizados que mostram que a adoção é baixa, como os estudos realizados por Tan et al. (2009) e (Chuang, Nikitina & Zhou 2009). É imperativo que os estudos futuros considerem o estudo das PME em todo o país e em diferentes sectores. Seria interessante que estudos futuros incluíssem mais variáveis, como benefícios e barreiras, e mais tipos de aplicações de TI. Deve ser realizada mais investigação com uma amostra maior, se possível em todos os sectores, para apoiar os resultados obtidos neste estudo. O estudo pode ainda desenvolver uma proposta de quadro de implementação do AIS para as PME de Bulawayo e do Zimbabué. Por último, este estudo não está isento de limitações. Devido à grande incidência de concorrência e, em última análise, ao insucesso empresarial das PME de Bulawayo, os inquiridos mostraram-se relutantes em analisar algumas informações, pois receavam que o investigador estivesse a realizar o estudo em nome de empresas rivais. Isto significaria que alguns resultados da investigação poderiam ser distorcidos ou apresentar uma imagem errada do problema da investigação e que a informação obtida poderia não ser representativa da situação real no terreno.

No entanto, a recolha de dados decorreu sem problemas e proporcionou ao investigador uma visão global

O capítulo seguinte resume os resultados da investigação e apresenta recomendações

CAPÍTULO CINCO

RESUMO DO ESTUDO, PRINCIPAIS CONCLUSÕES E RECOMENDAÇÕES

5.1 INTRODUÇÃO

Este capítulo resumirá os principais resultados da investigação e apresentará as recomendações baseadas nos dados recolhidos pelo investigador. Este último capítulo resume e conclui o projeto de investigação, encerrando todo o trabalho realizado.
O primeiro capítulo introduziu o tema da investigação, indicando o objetivo e a hipótese do investigador.
O segundo capítulo analisou o que outras autoridades escreveram sobre o mesmo tema de investigação e a sua relação com a investigação. O terceiro capítulo descreve em pormenor a metodologia de investigação, indicando a população, a dimensão da amostra e os instrumentos de recolha de dados utilizados na investigação. No quarto capítulo, o investigador apresentou os dados recolhidos durante o processo de recolha de dados

5.2 PRINCIPAIS CONCLUSÕES

A complexidade dos AIS afecta grandemente a adoção dos AIS pelas PME em Bulawayo, tal como indicado por uma elevada taxa de resposta de 39% de forte concordância. 33% concordam simplesmente que a complexidade do SIE contribui para a não adoção do SIE, enquanto 28% discordam que a complexidade do SIE não impede a adoção do SIE pelas PME. Este facto foi apoiado por Gibson et al., 2000, que salientaram que a adoção e a implementação do ERP podem ser uma tarefa altamente complexa, na qual são necessárias fortes competências de gestão e estratégicas para conseguir o melhor ajuste entre as peculiaridades da empresa e o próprio sistema

A existência de fortes competências de gestão é uma das principais deficiências das PME, o que complica ainda mais a adoção do SIA pelas PME. As formas de obter empréstimos bancários são demasiado difíceis ou problemáticas para a maioria das PME do Zimbabué

As PME precisam de apresentar um plano de negócios adequado e orçamentos e projecções financeiras, mas não têm os conhecimentos nem o tempo para o preparar. A formação atualmente ministrada não é suficiente para as ajudar a preparar-se para cumprir os requisitos do banco. Além disso, as elevadas taxas de juro cobradas quando se pede dinheiro emprestado às instituições financeiras afugentam as PME que já estão em dificuldades. Isto leva à não adoção de alguns softwares de informação contabilística essenciais para o sucesso da empresa, porque não têm os fundos para comprar o software. A relutância e a ignorância sobre os SIA não afectam a não adoção dos SIA pelas PME, como indicado por uma elevada taxa de resposta discordante de 78% e 67%, respetivamente. No entanto, apenas 28% concordaram que o desconhecimento sobre os SIE foi um fator que contribuiu para a não adoção dos SIE pelas PME, tendo 5% concordado fortemente com essa afirmação. Apenas 5% concordam que a relutância está por detrás da não adoção dos SIE, enquanto 17% concordam fortemente que as PME estão relutantes em adotar os SIE.

A não adoção do SIA não tem qualquer efeito sobre a vantagem competitiva das PME. Isto foi indicado por uma opinião dividida, uma vez que 50% dos inquiridos argumentaram que a não adoção do SIA não reduz a vantagem competitiva das PME, enquanto outros 50% argumentaram que a não adoção do SIA reduz a vantagem competitiva das PME. Em contrapartida, Mia e Chantal (2003) sublinharam que a não adoção do SIA resulta numa redução da vantagem competitiva das PME.

Considerando todos os diferentes elementos do sistema de informação contabilística, verificou-se que o sistema é de grande importância para as empresas, especialmente para a sua gestão. Ajuda a facilitar o processo de tomada de decisões de gestão e, neste caso, o sistema de informação contabilística deve ser creditado pelos grandes

valores que acrescenta às empresas
Cerca de 16% das PME não utilizam qualquer sistema ou software de contabilidade porque as suas empresas são demasiado pequenas e não se aperceberam dos benefícios da utilização de sistemas ou software de contabilidade para melhorar o desempenho da empresa
A não adoção dos SIE não resulta na incapacidade das PME para processar as encomendas dos clientes. Isto foi indicado por uma taxa de 50% de inquiridos que discordam. 28% dos inquiridos argumentam que a não adoção do SIA resulta na incapacidade de processar atempadamente as encomendas dos clientes, enquanto 22% concordam fortemente que existe uma elevada taxa de incapacidade de produzir atempadamente as encomendas dos clientes
Os registos de informações comerciais só são fiáveis e seguros quando existe uma cópia de segurança da documentação adequada em caso de perda de dados. Não é o caso das pequenas empresas, que não têm registos e, mesmo que tenham, não são capazes de os documentar corretamente para utilização futura
Como o Excel não é um software de contabilidade, cerca de 98% das PME inquiridas não estão a utilizar software ou sistemas de contabilidade adequados. A maioria utiliza o que está à sua disposição ou o que conhece. Algumas nem sequer fazem um orçamento ou uma declaração de rendimentos adequados.
A relutância e o desconhecimento dos SIA não afectam a não adoção dos SIA pelas PME, tal como indicado por uma elevada taxa de resposta discordante de 78% e 67%, respetivamente

5.3 RECOMENDAÇÕES

Os fornecedores de AISs devem esforçar-se por fornecer pacotes de AISs personalizados que se adaptem às necessidades e exigências das PME.
-Além disso, os pacotes devem ser fáceis de utilizar e acessíveis. Mais ainda, os vendedores de AISs devem realizar workshops com as PME, a fim de as informar plenamente sobre os benefícios da adoção de AISs.

- O Governo, através do Ministério das Tecnologias da Informação e da Comunicação, deve garantir um acesso fácil aos sistemas informáticos de informação e comunicação, financiando a compra de sistemas informáticos de informação e comunicação pelas PME, através da concessão de subsídios às PME que compram sistemas informáticos de informação e comunicação
-Mais ainda, o governo, através do Ministério das Pequenas e Médias Empresas, deve fornecer garantias às PME através do financiamento da aquisição dos activos iniciais das PME, para que estas possam, por sua vez, utilizar os activos como garantias para aceder a empréstimos bancários. Além disso, as PME devem esforçar-se por empregar pessoal de recursos humanos qualificado e competente para utilizar os SGA informatizados. Isto facilitará a adoção dos AIS.

5.4 CONCLUSÃO

O estudo implicou um processo rigoroso de tentar compreender por que razão as empresas de Bulawayo adoptam os vários sistemas na sua atividade diária. Os sistemas de informação contabilística, tal como demonstrado pelos resultados, desempenham um papel fundamental na rentabilidade das empresas, na gestão do fundo de maneio, na afetação de recursos e até no cumprimento das obrigações fiscais através do cálculo das declarações. Todos estes factores foram evidenciados durante o processo de investigação do projeto e as empresas tentaram ajudar o investigador a obter o máximo de informação possível, tendo em conta o curto espaço de tempo e a falta de recursos. É necessário continuar a trabalhar no sentido de encontrar formas de ajudar as PME a serem mais profissionais e a actualizarem-se com os vários sistemas de informação que são fundamentais para o sucesso empresarial. As condições económicas prevalecentes e cada vez mais deterioradas no Zimbabué significam que as PMEs irão enfrentar maiores desafios que exigem tecnologia atual para impedir os seus efeitos, pelo que se deve procurar financiamento do governo e, se possível, dos doadores. Algumas empresas do sector das PME têm a vontade de se manterem a par das normas de contabilidade em vigor, mas o mau estado de financiamento da economia mantém-nas fora do radar da informação e da conformidade.

O estudo examinou as práticas de contabilidade eletrónica entre as PME de Bulawayo. O estudo revelou que quase todas as PME incluídas na amostra atribuem grande importância às informações financeiras, empregando, pelo menos, titulares de diplomas ou certificados de habilitações literárias para tratar das suas informações contabilísticas. O estudo também mostrou que uma grande percentagem das empresas implementou software de contabilidade para gerar as suas informações financeiras. Este facto tem a tendência de reduzir os custos, melhorar os trabalhos administrativos, proporcionar espaço suficiente para armazenar dados e processar informações para a tomada de decisões de gestão em tempo útil. Em termos de funcionalidade, os resultados do estudo mostraram que quase todas as PME utilizam o software para as funções de contas a receber, bem como de contas a pagar, gestão de inventário, folhas de pagamento, gestão de activos fixos, reconciliação bancária e gestão de tesouraria. Os resultados do estudo também revelaram que a maioria das PMEs se depara com problemas no fornecimento de eletricidade, o que resulta numa avaria frequente do seu sistema de contabilidade. Constatei que quase todas as PME estão geralmente satisfeitas com o desempenho do seu software de contabilidade.

Na sequência destas conclusões, seria útil considerar também as seguintes direcções para a investigação futura:

- Examinar os benefícios e obstáculos que os hospitais de Bulawayo enfrentam na adoção de sistemas de contabilidade eletrónica, e
- Analisar os planos futuros das PME de Bulawayo relativamente aos sistemas de contabilidade eletrónica

Referências e notas:

- Corner R. (1989), Systems Analysis for Profitable Business Applications. Prentice Hall.

- Flynn D (1992). Information systems Requirements: Determinação e Análise. MCGRAW - HILL Book Company.

- Política das Micro Pequenas e Médias Empresas (2002), Ministério das Micro Pequenas e Médias Empresas, fluxo de impressão

- Small Enterprise Development Corporation Act Chapter 24:12, 4th schedule section 2, Zimbabwe.

- Al-Mashari, M. (2001), "Process orientation through enterprise resource planning (ERP): a review of critical issues", *Knowledge and Process Management,* Vol. 8 No. 3, pp. 175-85

- Ashari J (2008), "Factores que afectam o sucesso dos sistemas de informação contabilística
Implementation". *Journal of Enterprise Information Management* Vol. 21 No. 2, 2008 pp. 139-161

- Beke J (2010), "Review of International Accounting Information Systems". *Jornal de Contabilidade e Fiscalidade* Vol. 2(2), pp. 025-030

- Booth, P., Matolcsy, Z. e Wieder, B. (2000), "The impacts of enterprise resource planning systems on accounting practice: The Australian experience", *The Australian Accounting Review,* Vol. 10 No. 3, pp. 4-18

- Buonanno G, Faverio P, Pigni F, Ravarini A, Sciuto D e Tagliavini M (2005), Factores que afectam a adoção de sistemas ERP: A comparative analysis between SMEs and large companies, *Journal of Enterprise Information Management,* Vol. 18 No. 4, pp. 384-426· Chang, M.-K., Cheung, W., Cheng, C.-H. E Yeung, J.H.Y. (2008), "Understanding ERP system adoption from the user's perspective", *International Journal of Production Economics,* Vol. 113 No. 2, pp. 928-42.

- Chung, B.Y., Skibniewski, M.J., Lucas, H.C. Jr e Kwak, Y.H. (2008), "Analysing enterprise resources planning systems implementation success factors in the engineeringconstruction industry", *Journal of Computing in Civil Engineering,* Vol.

22 No. 6, pp. 373-82.

- Cunningham, L.X. e Rowley, C. (2008), "The development of Chinese small and medium enterprises and human resources management: a review", *Asia Pacific Journal of Human Resources,* Vol. 46 No. 3, pp. 353-79
- DeLone, W.H. e McLean, E.R. (1992), "Information systems success: the quest for the dependent variable", *Entrepreneurship Theory Practice,* Vol. 3 No. 1, pp. 60-95.
- Lohman, J. M. (2000), The Legal and Accounting Side of Managing a Small Business, Ingrams , 26, 21.
- Taragola N., Van Lierde, D. e Van Huylenbroeck, G. (2001), Adoção de computadores, Internet e software de contabilidade agrícola nas explorações de estufas da rede belga de dados contabilísticos agrícolas.
- Actas da "Terceira Conferência Europeia da Federação Europeia para as Tecnologias da Informação na Agricultura, Alimentação e Ambiente - EFITA 2001", 18-20 de junho de 2001, Montpellier, França, 669674

PERGUNTAS DA ENTREVISTA

1. Há quanto tempo utiliza computadores no desempenho do seu trabalho?
2. Na sua opinião, quais poderão ser as vantagens da utilização de sistemas de informação contabilística nas empresas?
3. Considera que a utilização das TI lhe oferece uma vantagem competitiva em relação aos seus concorrentes (outras empresas)?
4. Quais são os problemas enfrentados pela empresa na implementação de sistemas de informação contabilística informatizados?
5. Que medidas estão a ser tomadas pela empresa para atenuar o risco dos problemas acima referidos?
6. Na sua opinião, porque é que uma empresa pode estar relutante em utilizar elementos do sistema de informação contabilística na sua atividade?
7. Que soluções proporia para os problemas de hardware que podem ocorrer durante os processos empresariais quotidianos?

8. Acha que está a explorar todo o potencial das tecnologias da informação à sua disposição?

9. Justificam-se os custos de atualização contínua do software de contabilidade?

10. Considera que os sistemas de informação informatizados acabarão por eliminar os sistemas de informação tradicionais manuais?

MIX
Papier aus verantwortungsvollen Quellen
Paper from responsible sources
FSC® C105338

Printed by Books on Demand GmbH, Norderstedt / Germany